Das Stadtmuseum besitzt gut fünfhundert Poesiealben und Stammbücher, die mehr als vierhundert Jahre Erinnerungskultur und Sozialgeschichte widerspiegeln. Ihre individuelle Gestaltung mit Skizzen, Stick- und Haar- und Oblatenbildern ist ebenso reizvoll wie das Eingeschriebene vielfältig. Die Texte schwanken von der tief empfundenen Widmung bis zur ritualisierten Pflichterfüllung. Ob amüsant, poetisch oder weise – diese Sammlung ist ein wunderbares Zeugnis privaten, bürgerlichen Schriftguts.

Franziska Nentwig

Herausgeberin

Berliner Poesiealben

Wahre Freundschaft nur allein, soll bei uns unsterblich seyn.

Marlies Ebert und Sebastian Ruff

Edition Stadtmuseum Berlin

Das Museum in der Tasche

Herausgegeben von Franziska Nentwig,
Generaldirektorin des Stadtmuseums Berlin

Verlag M – Stadtmuseum Berlin GmbH

Inhaltsverzeichnis

Berliner Poesiealben
Wahre Freundschaft nur allein, soll bei uns unsterblich seyn.

Album Illustation »Zur Erinnerung froh verlebter Stunden.«, 1862
Goldprägung; Medaillon in Chromolithographie

Der Erinnerung Blätter ...

Stammbuch-Illustration »Meinen Freunden gewidmet«, 1840
Wasserfarben

Der Erinnerung Blätter
Sind Zeugen vergangener Tage,
Darum rede Du, Blatt,
Wenn die Stimme verhallt. ~ *1802*

Zum Denkmal der Freundschaft
Schreibt man sich sonst ein,
Ich glaube, gedruckt wird es
Das Nehmliche sein! ~ *1801*

Ich soll mich in dieses Stammbuch schreiben
Und weiß nicht, was.
Wollen wir beide Freundschaft halten
Gefällt dir das? ~ *1869*

In dein Stammbuch muß ich rein.
Sollt's auch in die Quere sein.
Das Datum wußt ich nicht,
Ich glaub, es hieß Vergißmeinnicht. ~ *1873*

Trennen uns einst viele Meilen
Unter Sonn' – und Mondenschein,
So sollen diese wenigen Zeilen
Die Erinnerung uns'rer Freundschaft sein. ~ *1911*

Schreib mich in dein Herz ein,
so wird dies Buch unnötig sein. ~ *1916*

Freundlich räumst Du mir
Ein Plätzchen hier
In Deinem Album ein
Mög' ich auch
In Deinem Herzen
Niemals ganz vergessen sein. ~ *1968*

Arbeit ist des Bürgers Zierde …

Stammbuch-Illustration, 1788
Wasserfarben

Arbeit ist des Bürgers Zierde,
Segen ist der Mühe Preis,
Ehrt dem König seine Würde,
Ehrt uns der Hände Fleiß. ~ 1900

Wirke, weil es Tag ist!
Es kommt die Nacht,
wo niemand wirken kann. ~ 1797

Wenn Du Dich senkst zu früher Ruh
Und fallen Dir die Augen zu,
So denk zuvor in jeder Nacht
Wie Du den Tag hast hingebracht. ~ 1865

Alles, was Du beginnst,
vollbringe mit Lust und mit Liebe! ~ 1894

O, ringe nicht nach eitlen Kränzen,
Zu oft sind sie des Zufalls Spiel,
Nein, still zu schaffen, nicht zu glänzen –
Deines Lebens schönstes Ziel. ~ *1902*

Durch Gottes Hilf' und
Menschen Hände
kommt manch' schweres
Werk zu Ende. ~ *1904*

Es gibt nur ein Glück:
Die Pflicht,
Nur einen Trost:
Die Arbeit,
Nur einen Genuß:
Das Schöne. ~ *1905*

Stammbuch-Illustration, 1845
Radierung, koloriert; Druck, bronziert

Poesiealbum-Illustration, um 1886
Chromolithografie

Wo die Arbeit zieht ins Haus,
läuft die Armut bald hinaus,
schläft die Arbeit aber ein,
guckt die Armut zum Fenster hinein! ~ *1911*

Ernst bei der Arbeit,
heiter beim Spiel,
immer frisch vorwärts,
So kommst du zum Ziel! ~ *1911*

Fröhlich bei der Arbeit,
Heiter beim Spiel,
Hilft allein nicht zum Glück,
Hilft aber viel! ~ *1919*

Im Lernen bleibe Lehrling,
Im Schaffen Meister! ~ *1925*

Lebe!
Aber nicht Dir allein,
damit Du lebst! ~ *1925*

Beklage nie den Morgen
der dir Müh' und Arbeit gibt,
es ist so schön zu sorgen
für den Menschen, den man liebt. ~ *1946*

Lerne, spare, leiste was.
So haste, kannste, weißte was. ~ *1957*

Von dem ersten Schlag und Streich
fällt ein großer Baum nicht gleich;
was auf einmal nicht gelingt,
Zeit und Fleiß zuwege bringt! ~ *1981*

Der Fleiß in Deinen Jugendjahren …

Stammbuch-Illustration »Denkmal der Freundschaft«, 1846
Collage aus Papier, Wasserfarben; Goldborte, geprägt, gestanzt

Der Fleiß in Deinen Jugendjahren
wird später goldene Früchte tragen. ~ *1966*

Selig, wer die Rosenjahre
Seiner Jugend so genießt,
daß ihn noch im Silberhaare
die Erinnerung lieblich ist. ~ *1800*

Was nützt das Glück des Lebens
Wenn man es nicht genießt
Die Jugend blüht nur einmal
Betrübt und ungeküßt. ~ *1856*

In deiner Jugend übe
Geduld, sie tut einst gut,
Vergib mit sanfter Liebe,
wenn man dir Unrecht tut. ~ *1891*

Lerne, nutze, strebe jeden Augenblick,
verlorne Jugend ist verlornes Lebensglück,
Wer in der Jugend fleißig lernte,
hält im Alter frohe Ernte! ~ *1899*

Der Kindheit goldne Tage
Gehen ach, so schnell dahin,
und jede Lebenslage
verändert uns den Sinn.
Drum mögen reine Freuden
Die Kindheit Dir erfüll'n,
bis Dir vielleicht einst Leiden
des Lebens Ernst enthüll'n. ~ *1913*

Lieblich ist der Reiz der Jugend,
Doch die Blüten fallen ab,
Aber Edelmut und Tugend
Folgen Dir bis in das Grab. ~ *1913*

Recht lange noch genieße
der Jugend holdes Glück,
die Jugendzeit, die süße,
kehrt nimmer mehr zurück. ~ *1915*

Ein Glück wie wir's uns in der
Jugend träumen,
Gibt es im Leben kaum.
Du eben bist das höchste Glück:
Du Überschäumen,
Du gold'ner Jugendtraum. ~ *1916*

Sei fröhlich mein Kind!
Die Jugend verrinnt,
Ach, leider nur allzu geschwind.
Die spätere Zeit
Hält Kummer bereit
Und Sorgen und Trübsal und Leid. ~ *1916*

O, nütze aus der Jugend schöne Stunden,
sie wissen nichts von einer Wiederkehr.
Einmal entflohen, einmal entschwunden,
zurück kehrt keine Jugend mehr. ~ *1916*

Die Jugend ist des Lebens schöner Morgen,
Wo wolkenrein der Himmel freundlich glänzt,
Da kennt das Herz noch keine Erdensorgen,
Da ist der Weg mit Blumen schön umkränzt.
Ein schöner Traum scheint uns das ganze Leben,
O, mög' er immer, immer Dich umschweben! ~ *1916*

Stammbuch-Illustration, um 1840
Echthaar

Denke nie fertig zu sein in deinem Leben,
Wenn auch die Schulzeit des Kindes verblüht,
Dann erst beginnt die Schule des Lebens,
Die dich mit Strenge zum Menschen erzieht. ~ *1928*

Die Jugend ist die Zeit der Saat.
Das Alter erntet Früchte;
Wer jung nicht, was er sollte, tat,
des' Hoffnung wird zunichte. ~ *1928*

Jung, fleißig sein
und nichts erlernen müssen,
ist größere Pein,
als nichts im Alter wissen. ~ *1966*

Gedenke nah, gedenke fern …

Stammbuch-Illustration, 1817
Stickerei auf Seide

Gedenke nah, gedenke fern,
Gedenke meiner oft und gern. ~ *1879*

Die Rolle ist gespielt,
Der Vorhang falle nieder.
Drum Freund lebe wohl,
Gott weiß sehn wir uns wieder. ~ *1807*

Freundin gedenk der Freundschaftspflicht,
gedenk an mich, vergiß mein nicht. ~ *1798*

Vier Wörtchen hab ich nur für Dich
Sei glücklich liebe mich. ~ *1844*

Bin ich todt, so komme zum Urnenhügel,
wo Dein Vater ruht,
pflanze Blumen auf sein Grab,
ich schwebe dann zu Dir, mein Sohn,
und segne Dich. ~ *1847*

Wenn am Lebensabschied
Sich die Schatten senken,
Möge Ihnen grüßen
Dieses Andenken. ~ *1852*

Kommst du einst zu meinem Grabe,
wo ich meine Ruhstatt habe
o, so schreibe in den Sand,
Clara, Dich hab' ich auch gekannt. ~ *1857*

Werd' ich einst gestorben sein
Schreib auf meinen Leichenstein
Selbst mit Deiner eig'nen Hand,
Diese Freundin hab ich gekannt. ~ *1860*

Es schmücke einst ein Myrthenkranz
Dein jugendliches Haar;
Vergiß auch nicht beim Spiel und Tanz,
Wer Deine Freundin war. ~ *1869*

Freundin! Wenn ich nicht mehr lebe,
wenn im Paradies ich bin,
wenn die Englein um mich schweben
und ich bei meinem Heiland bin,
Freundin! Dann gedenke mein,
ich gedenke im Tode dein! ~ *1911*

Wenn du einst im fernen Lande
An dem Bach spazieren gehst
Und du siehst Vergißmeinnicht
Pflück es ab und denk an mich. ~ *1911*

Gedenke mein in Nähe und in Ferne,
es möge hell, es möge dunkel sein.
Und leuchten einst der Rückkehr süßer Sterne,
vor allem dann gedenke mein. ~ *1913*

Zum Gedenken an Deine Freitagsabendbekanntschaft.
Anneliese ~ *1923*

Wenn einst nach vielen Jahren
mein Name wird genannt,
überlege Dir und sage,
die hab ich auch gekannt. ~ *1981*

Im Glück sey ganz Empfindung …

Stammbuch-Illustration, 1780
Grisaillemalerei

Im Glück sey ganz Empfindung,
Im Unglück ganz Verstand! ~ *1784*

Ach möchte doch auch jeder junge Morgen
Dir immer neues Glück verleihen.
Und jeder Abend ungeschwärzt von Sorgen
nie leer von wahren Freuden seyn. ~ *1784*

Nur der ist glücklich, der ist weise,
der sich in jeden Himmel Kreise
Stoff zum Vergnügen schaffen kann. ~ *1790*

So bild, o Jüngling, denn dein Herz schon in der Jugend,
sieh auf die Weisheit stets, doch mehr noch auf die Tugend!
Denk, daß nichts glücklich macht, als die Gewissensruh,
Und daß zu deinem Glück dir niemand fehlt als du. ~ *1791*

Selbst die schwachen Abdrücke,
welche das Gedächtniß
von vergangener Freude zurück gibt,
sind dem Herzen süß –
mit schwermüthigen Genuß
hängen wir noch
an dem Schatten des Vergnügens,
wenn gleich sein Wesen
unsrer Erreichung entflohn ist. ~ *1799*

Willst Du glücklich sein, so traue
Jedem schönen Worte nicht,
Und nicht auf die Schwüre baue
Die man Dir geläufig spricht,
Jeder ist nicht, was er scheint,
Jeder nicht ein treuer Freund.
Wahre Freundschaft, feste Treue
Zeiget erst der Jahre Reife. ~ *1856*

Lebe glücklich frei von Schmerzen,
Freue Deines Lebens dich,
Und in Deinem guten Herzen
Sei ein Plätzchen auch für mich. ~ *1868*

Aufwärts zu des Lebens Höhen
richte froh den hellen Blick!
Welche Wege wir auch gehen,
in uns selbst ist unser Glück! ~ *1886*

Könnt ich das Glück in Sträuße binden,
gewiß du solltest glücklich sein,
ich wollte ganze Sträuße binden
und alles Gute mit hinein. ~ *1898*

Stammbuch-Illustration mit Spruch, um 1860
»Was Ihr Leben kann erfreuen / Soll sich jeden Tag erneuen.«
Reliefartige Collage aus koloriertem Papierprägedruck und geprägtem Goldpapier auf Gaze, Goldprägedruck

Das Glück genieße ohne Wahl,
Und wie es kommt im Fluge,
Wird dir es nicht im Goldpokal,
Dann schlürf's aus ird'nem Kruge. ~ *1899*

Im Thal der Erde blüht das reinste Glück,
Wo Lieb' und Freundschaft traulich sich vermählen!
Vom ersten Kuß bis zu dem letzten Blick
Vereinen sich durch Achtung edle Seelen. ~ *1905*

Ergreif mit fester Hand das Glück
und zwing es zum Verbleiben,
nur selten kehrt's zu Dir zurück,
lässt Du's vorüber eilen. ~ *1907*

Wähle Dir zum Lohne
Freude mehr als Glanz,
schwer ist ja die Krone,
leicht der Blumenkranz. *~ um 1910*

Glück ist wie ein Sonnenblick;
Niemand kann's erjagen,
Niemand von sich sagen,
Daß er heut und alle Frist
Ohne Wunsch und glücklich ist.
Glück ist wie ein Sonnenblick;
Erst wenn es vergangen,
Erst in Leid und Bangen
Denkt ein Herz und fühlt es klar,
Daß es einmal glücklich war. *~ 1911*

Was es auch Großes und Unsterbliches zu erstreben gibt; den Mitmenschen Freude zu machen ist doch das Beste, was man auf der Welt tun kann. ~ *1914*

Vergiß nicht am Wege die kleinen
Freuden zu pflücken. Zum Strauß
Gesammelt sind sie das große
Glück, welches Du suchst. ~ *1913*

Das äußere Glück
ist nur Zufall.
Aber das innere Glück,
das baut sich selber ein jeder! ~ *1915*

Willst Du in Deinem Leben
Dich wahren Glückes freun,
So musst Du Dich bestreben
Gut, wahr und treu zu sein. ~ *1925*

Wenn's Glück dir lacht
Ich hab's gebracht. ~ *1926*

Wenn Du 1 Minute im Ärger verbringst,
versäumst Du 60 glückliche Sekunden. ~ *1980*

Des Lebens Müh'
lehrt uns ...

Stammbuch-Illustration »Denckmal der Freundschaft«, 1779
Wasserfarben

Des Lebens Müh' lehrt uns
Allein des Lebens Güter schätzen. ~ *1901*

Ein böser Baum kann nicht gute Früchte bringen,
und ein guter Baum kann nicht arge Früchte bringen. ~ *1722*

Des Lebens Schöne
ist mit Noth vereint,
und wird manche Träne
unterm Mond geweint. ~ *1781*

Laß uns stets weise, beherrscht und standhaft im Unglück seyn;
doch fordert die Klugheit, daß wir bey dem günstigen Winde
die aufgesetzten Segel etwas einziehen. ~ *1791*

Es ist mit unseren Urteilen
wie mit unseren Uhren.
Jeder richtet sich nach der Seinigen,
wenn sie gleich meistens unrichtig geht –
wem wollen wir das übelnehmen!
Hat er doch nicht selbst die Feder,
die alles treibet, hierin gesetzt! ~ *1788*

Der Kaiser geht mit Pracht, der Arme schlecht bedeckt;
Der schwache Greis am Stab, der Jüngling froh geweckt;
Der Kranke und sein Arzt; der Thor als auch der Weise;
Der Karge mit dem Schatz, der Schwelger auf die Reise
nach einem Endpunkt hin – denn alles ist hier gleich;
Rang, Glück ohn Unterschied fällt ab auf einen Streich.
Hier mein Sohn! Betrachte die Unsicherheit des Lebens,
wandle stets weise, bider und thätig! ~ *1792*

Groß ist die Welt und hoch!
Der Mensch klein.
Doch muß er sich darin bücken,
wenn er will durch.
Dies wußte Gott,
drum schuf er ihm Gelenke in dem Rücken.
Doch kriechen sollt er nicht. ~ *1788*

Aufblühen – – – – Staubwerden!
siehe da
Rosen pflücken – Jünglings – Stärke
Mädgens – Schön
was ist ihr Loos?
Aufblühen – – – – Staubwerden! ~ *1798*

Die Täuschung dieses Erdenlebens
Ist schon so süß;
Gewis wir träumen uns vergebens
Ein Paradis. ~ *1796*

Sey nicht geschickt, man wird dich wenig hassen,
Weil dir dann jeder ähnlich ist;
Doch je geschickter du vor vielen Andern bist;
Je mehr nimm dich in Acht, dich prahlend sehn zu lassen. ~ *1801*

Ein heit'rer Geist, ein froher Sinn,
Sie sind der Menschheit Gabe,
Und wird die Weisheit früh die Gutsverwalterin,
So reicht der Vorrat bis zum Grabe. ~ *1812*

Bitter ist die Stunde der Trennung,
Angenehm die der Rückerinnerung
Und Wonnegefühl die des Wiedersehns. ~ *1817*

Mit Vielen theile deine Freuden,
Mit Allen Munterkeit und Scherz,
Mit wenig Edlen Deine Leiden,
Mit Auserwählten nur Dein Herz. ~ *1845*

Wer Engel sucht in dieses Lebens Gründen,
Der findet nie, was ihm genügt,
Wer Menschen sucht, der wird den Engel finden,
Der sich an seine Seele schmiegt. ~ *1859*

Flüchtig sind des Lebens Tage,
Erdendasein ist ein Traum,
fülle nicht mit Sorg und Klage,
dieser Spanne kleinen Raum. ~ *1889*

Glaub nicht alles, was Du hörst;
Thu nicht alles, was Du magst;
Sag nicht alles, was Du weißt;
Brauch nicht alles, was Du hast;
Kauf nicht alles, was Du siehst:
So bleibst Du wohl zu jeder Frist. ~ *1893*

Ich kenne eine Harfe,
Die tönt wunderbar,
Bald tief in Moll und traurig,
Bald silberhell und klar,
Es tönen oft die Saiten
Bewegt von bitterm Schmerz,
Bald wieder sanft und lieblich,
Die Harfe ist das Herz. ~ *1893*

Stammbuch-Illustration, 1821
Radierung, koloriert

Kannst Du nicht allen gefallen,
durch deine That und dein Kunstwerk,
mach es wenigen recht,
vielen gefallen ist schlimm! ~ *1894*

Öffne zum Geben deine
Hand,
Zum Nachgeben dein
Gemüt
Und zum Vergeben dein
Herz! ~ *1899*

Quält Dich aus tiefster Brust
das harte Wort »Du mußt«
So mach Du eins nur still
das stolze Wort »Ich will.« ~ *1900*

Thu, was jeder loben müßte,
Wenn die ganze Welt es wüßte,
Thu es, daß es niemand weiß,
Und gedoppelt ist der Preis. ~ *1901*

Am guten Alten
In Treue halten,
Am kräftigen Neuen
Sich stärken und freuen,
Wird niemand gereuen. ~ *1901*

Nie stille steht die Zeit,
der Augenblick entschwebt;
und den du nicht benützt,
den hast du nicht gelebt. ~ *1903*

Etwas wünschen und verlangen,
Etwas hoffen muß das Herz,
Etwas zu verlieren bangen,
Und für etwas fühlen Schmerz. ~ *1910*

Dein Herz gleicht ganz dem Meere,
Hat Sturm und Ebbe und Flut,
Und manche, schöne Perle
In seiner Tiefe ruht. ~ *1910*

Vor Dir liegt die Bahn des Lebens,
Tritt nur mutig in sie ein,
Laß das Ziel des ernsten Strebens
Stets die echte Weisheit sein.
Ringe nach der Tugend Krone,
Reich' dem Edlen Herz und Sinn,
Gib, ob Dich auch niemand lohne,
Für die Wahrheit Alles hin. ~ *1911*

Von jedem, der dir durch das Leben schritt,
Bleibt eine Spur an deiner Seele hangen,
So bringst du am Gewand ein Stäubchen mit,
Von jedem Wege, den du bist gegangen! ~ *1911*

Des Lebens Kunst ist leicht zu lernen und zu lehren,
du musst vom Schicksal nicht zu viel begehren;
der, welchem ein bescheidenes Los genügt,
hat einen Schatz, der nie versiegt. ~ *1913*

Im Leben geht's nicht ohne Kampf,
Denk' nicht, ihn zu vermeiden,
Ring' mit der Welt um deinen Platz,
Doch lerne dich bescheiden.
Und wenn im Kampf der Leidenschaft
Das Herz dir droht zu springen,
Dann laß nicht ab, bis dir's gelingt,
Dich selber zu bezwingen. ~ *1913*

Poesiealbum-Illustration, 1883
Buntstift

Poesiealbum-Illustration, um 1892
Glanzbild in Chromolithografie

Sei deiner Welt, soviel du kannst, ein Engel.
So wird sie dir, trotz dem Gefühl der Mängel,
Soviel sie kann, dafür ein Himmel sein. ~ 1914

Ein gutes Wort ist wie ein Samenkorn ...
es schweigt und schläft
und wacht erst auf
und wird zu Sinn erst und zu Sein,
säst du's in deine Erde ein
und schaffst du dir's zu eigenem Leben. ~ 1915

Denken was wahr ist,
Fühlen was schön ist,
Wollen, was gut ist! ~ 1915

Unterscheide die Menschen nicht
in solche, die du magst,
und solche, die du nicht magst,
sondern suche an jedem das Liebenswerte. ~ *1916*

Trinket Augen, was die Wimper hält,
Von dem goldnen Überfluss der Welt. ~ *1916*

Schilt nimmer mehr die Stunde hart,
die fort von Dir was Liebes reisst,
sie schreitet durch die Gegenwart
als ferner Zukunft dunkler Geist;
sie will Dich vorbereiten ernst
auf das, was unabwendbar droht,
damit Du heut entbehren lernst,
was morgen sicher raubt der Tod. ~ *1917*

Tut Dir jemand was zu Leid,
Tu ihm was zu Liebe,
Daß sein Herz für ew'ge Zeit
Dir verschuldet bliebe. ~ *1918*

Du sollst reden, nicht viel,
aber sinnig.
Du sollst beten, nicht viel,
aber innig.
Du sollst leben, nicht wild,
aber heiter.
Du sollst Dir helfen,
Gott hilft Dir weiter. ~ *1922*

Wir sind nicht auf der Welt, um zu genießen, sondern um unsre Schuldigkeit zu tun. ~ *um 1925*

Wer sich von dem goldnen Ringe
Goldne Tage nur verspricht,
O, der kennt den Lauf der Dinge
Und die Menschenherzen nicht. ~ *1929*

Mancher Kopf will durch die Wände,
Obwohl es schmerzt und Beulen macht.
Beim klugen Kopf tun dies die Hände
Und er wird niemals ausgelacht.
Mit dem Kopf durch die Wand,
kommt man schnell um den Verstand. ~ *1966*

In der Welt fährst du am besten,
sprichst du stolz mit stolzen Gästen,
mit bescheidenen bescheiden. ~ *1966*

Reinen Herzens und voller Liebe handle gegen andere so,
wie du gegen dich selbst handeln würdest. ~ *1980*

Es kann ja nicht immer möglich sein,
daß alles sich glücklich ende.
Und wenn die Sonne am höchsten steht,
kommt immer die Sonnenwende. *~ 1926*

Gesang und Geigen!
Tanz und Spiel!
Freude fehlt!
Wir nörgeln zu viel!
Wir werden zu weise,
wir werden zu schwer,
wir lachen zu wenig!
Wer weise ist: Bettler,
Wer lachen kann: König! *~ 1928*

Allzeit fröhlich ist gefährlich;
Allzeit traurig ist beschwerlich;
Allzeit glücklich ist betrüglich;
Eins ums andere ist vergnüglich. *~ 1929*

Wer durch des Argwohns Brille schaut,
sieht Raupen selbst im Sauerkraut. ~ *1980*

Rezept
1 Teelöffel Freude
3 Tropfen Geduld
200g Mut
eine Prise Glück
ein bißchen Erfolg
und gute Gesundheit
Gut mischen, das ist sehr wichtig,
täglich genießen aber richtig. ~ *1980*

Zwei Schlüssel eröffnen dir dies Herz,
zwei niedliche kleine blanke,
pass auf, dass du sie nie verlierst,
sie heißen »Bitte und Danke«. ~ *1981*

Mehr als Reichtum
schätze vor allem …

Poesiealbum-Illustration, 1886
Glanzbild in Chromolithografie

Poesiealbum-Illustration
»Ich gratulire.«, 1886
Glanzbild in Chromolithorafie

Kenntniß suche dir eher, o Sohn!
Als Schätze des Goldes.
Mehr als Reichtum schätze vor allem die Weisheit.
Von allen Besitztümern ist nur die Tugend unentreißbar. –
Lebe, beglückt, gesegnet, und lebe,
Gott und mein gedenkend.
Will nun Geschick,
daß ich lebe, oder gewesen bin – so erinnere dich! ~ *1812*

Willst Du auf Erden glücklich sein,
So schränke Deine Wünsche ein.
Die Güter dieser Welt umgeben
Nur Sorgen, Kummer und Verdruß.
Willst Du vergnügt und glücklich leben,
So sey behutsam beim Genuß.
Die Frucht der Blüthe vor zu ziehen,
Ist Weisheit, so Natur uns lehrt.
Daß Hertz der Eitelkeit entziehen,
macht Dich vor Gott und Menschen wehrt. ~ *um 1780*

Weißheit lieben! Tugend fühlen!
Und des Himmels sich erfreun;
Heißt: mit Erdensorgen spielen,
Heißt: auf Erden seelig seyn. ~ *1779*

Wissenschaften sind Schätze,
die dein eigen bleiben,
damit kannst du Wucher treiben. ~ *um 1780*

Denn all das Geld und alles Guth
Gewärth zwar viele Sachen,
Gesundheit, Schlaf und frohen Muth
kanns aber doch nicht machen. ~ *1790*

Nicht an die Güter hänge Dein Herz,
die das Leben vergänglich zieren! ~ *1849*

Stammbuch-Illustration mit Spruch, 1839
»Bleib mir so gewogen / wie ich Dich schätze.«
Reliefartige Collage aus koloriertem Papierprägedruck und geprägten Goldpapierornamenten auf Gaze

Wer sein Glück im Reichtum sieht,
ist arm an Herz, arm an Gemüt. ~ *1911*

Nichts kann die Welt zum Eigentum dir schenken,
Mag sie auch noch so mildgesinnt sich zeigen. –
Nur was du selbst verdient im Tun und Denken
Ist ganz dein Eigen. ~ *1929*

Ein frohes Herz, gesundes Blut,
ist besser als viel Geld und Gut. ~ *1966*

O, lieb', so lang' du lieben kannst …

Poesiealbum-Illustration »Aus Liebe!!!«, 1897
Glanzbild in Chromolithografie

O, lieb', so lang' du lieben kannst,
O, lieb', so lang du lieben magst!
Die Stunde kommt, die Stunde kommt,
Wo du an Gräbern stehst und klagst.
Und wer dir seine Brust erschließt,
O, tu' ihm, was du kannst, zu lieb,
Und mach' ihm jede Stunde froh,
Und mach' ihm keine Stunde trüb'. ~ *1911*

Dich, beste Freundin, liebt mein Herz,
ich kann dies nicht verhehlen;
O möge Dir's mein Schutzgeist nur
Auf einer stillen Frühlingsflur
Im Abendhauch erzählen. ~ *1802*

Freundschaft und Liebe,
göttliche Triebe,
schwebten vom Himmel
zu Menschen herab. ~ *1817*

Nur Du geliebte Seele, nur Du mein anderes Herz:
Du bist's, die ich erwähle, dies sag' ich ohne Scherz.
Dir weih' ich meine Triebe, ich bin nun nicht mehr frei:
Erzeigst Du mir auch Liebe, so lieb ich stets getreu.
Ich segne jene Stunden, da ich zuerst Dich sah,
Dein Blick hat mich gebunden, Du einzig gehst mir nah.
Wie lebt ich unzufrieden, wie hielt ich das für Pein:
Ich liebe Dich beständig, beständig lieb' auch mein. ~ *1852*

Schön ist, wenn zwei Sterne
nah stehen am Firmament.
Schön, wenn zweier Rosen
Röte ineinander brennt.
Doch in Wahrheit immer
Ist's am schönsten anzusehn:
Wie zwei, die sich lieben,
selig bei einander stehn! ~ *1894*

Wo Liebe lebt, da gibt's kein Zürnen,
die Liebe zeigt sich im Verzeih'n;
sie hat auf reuevolles Flehen,
kein unerbittlich strenges »Nein«. ~ *1915*

Wer Tränen ernten will,
Muß Liebe säen. ~ *1915*

Gib Dein Herz für keine Krone
Gib es einem, der Dich liebt
Gib es einem, der zum Lohne
Dir dafür das seine gibt. ~ *1918*

Wahre Liebe weiß immer das rechte Wort,
Wahre Güte ist immer am rechten Ort,
Wahre Freude kommt immer zur rechten Zeit,
Wahre Größe hat immer Gelegenheit. ~ *1925*

Ohne Liebe ist das Leben
Eine Blume ohne Duft,
Ist der Himmel ohne Sterne,
Ist das Weltall ohne Luft,
Ist die Sonne ohne Strahlen,
Ist der Mond ohn' Silberschein;
Denn ein Leben ohne Liebe
Kann kein rechtes Leben sein. ~ *1918*

Mein Herzchen spricht:
Ich liebe Dich
Recht inniglich! –
Mehr weiß ich nicht. ~ *1926*

Ein getreues Herze wissen
Hat des höchsten Schatzes Preis;
Der ist selig zu begrüßen,
Der ein treues Herze weiß. ~ *1927*

Poesiealben-Illustration, 1940
Bleistift, Feder, Wasserfarben, schwarze Tusche

Treib nie ein Spiel mit einem treuen Herzen,
das treu sich Dir und rückhaltslos Dir gibt.
Es kommt die Zeit, wo Du mit Sehnsuchtsschmerzen
Dich sehnst nach einer Seele, die Dich liebt.
Dann wünschest Du zurück, was Du im Übermut zerstört.
Doch Deiner Sehnsucht wird das Echo tönen
das hoffnungslose Wort »zu spät«. ~ *1961*

Wer einen Apfel schält
und noch nicht ißt,
Wer bei seinem Mädchen sitzt
und doch nicht küßt,
Wer mit ihr sitzt beim Wein
und er schenkt doch nicht ein,
das muß schon ein verzagter Ritter sein. ~ *1973*

Sei deiner Eltern
Freude …

Poesiealbum-Illustration, 1961
Glanzbild in Chromolithografie

Poesiealbum-Illustration, 1898
Glanzbild in Chromolithografie

Sei deiner Eltern Freude,
beglücke sie durch Fleiß,
dann erntest du im Alter
dafür den schönsten Preis. ~ *1908*

Was ist die schönste Blüte
der blütenreichen Welt?
Ein kindliches Gemüte,
ein Herz, das Gott gefällt. ~ *1894*

Ich ging einmal im Moose,
da fand ich eine Rose,
darinnen stand geschrieben,
Du sollst die Eltern lieben. ~ *1912*

Der schönste Nam' im Erdenrund,
Das schönste Wort im Menschenmund
Ist: Mutter!
Ja, keins ist so tief und weich,
So ungelehrt, gedankenreich,
Als: Mutter! ~ *1912*

Mag Gehorsam dir zu eigen;
Höre gern der Eltern Wort,
lerne reden, lerne schweigen,
aber stets am rechten Ort. ~ *1916*

Rosen, Tulpen, Nelken,
alle Blumen welken,
Marmor, Stahl und Eisen bricht,
nur die Liebe Deiner Mutter nicht. ~ *1918*

Flieget hin, ihr lieben Täubchen,
flieget über Berg und Tal,
flieget auch zu meiner Mama,
grüßet sie viel tausendmal. ~ *1918*

Gott hat Dir gegeben
eine Mutter lieb und treu.
O, verkümmer nie ihr Leben,
denn zu spät kommt oft die Reu.
Mach dem Vater keine Sorgen,
mach der Mutter keinen Schmerz,
denn wer weiß, vielleicht schon morgen
bricht der Tod ihr traurig Herz. ~ *1923*

Meine Mutter ist die Sonne,
und ich weiß, sie hat mich lieb! ~ *1925*

Stammbuch-Illustration, 1781
Wasserfarben

Wohin Dich führt auch das Geschick,
denk an das Elternhaus zurück.
Wie Vater, Mutter Tag und Nacht
mit treuer Liebe Dich bewacht.
Betracht's als Deine Kinderpflicht:
»Vergiß es nicht.« ~ *1927*

Bleibe stets ein gutes Kind.
Deiner Eltern Lust und Wonne;
Fromm wie es die Engel sind!
Dann lacht dir des Himmels Sonne,
Und am Abend still und rein,
Schläfst du recht zufrieden ein. ~ *1929*

Treue Mutterhände haben Dich gepflegt
Und den Keim zum Guten in Dein Herz gelegt.
Achte deren immer, und vergiß es nicht,
Ehre Deine Eltern, dies ist Kindespflicht! ~ *1946*

Vergesse nie dein Vaterhaus,
wo du auch bist im Weltgebraus. ~ *1966*

Verläßt Du einst das Elternhaus,
gehst in die weite Welt hinaus,
wird Dir erst in der Fremde klar,
wie lieb und treu die Mutter war.
Sie gibt den Spruch zum Geleit,
üb immer Treu und Redlichkeit. ~ *1966*

Vergesse nie die Heimat, wo Deine Wiege stand,
Du findest in der Ferne kein zweites Heimatland! ~ *1966*

Mach dem Vater keine Sorgen
Und der Mutter keinen Schmerz,
denn Du weißt nicht, ob schon Morgen
bricht der Tod das Elternherz. ~ *1980*

Trau auf Gott ...

Stammbuch-Illustration, 1841
Perlen-Stickerei auf Seide; Goldborte, geprägt

Trau auf Gott,
tu Deine Pflicht,
lebe wohl,
vergiß mein nicht! ~ *um 1910*

Ist Gott gleich alles, und ich nichts?
Ich Schatten, Er die Quell des Lichts?
Er noch so starck, ich noch so blöd?
Er noch so rein, ich noch so schnöde?
Er noch so groß, ich noch so klein?
Mein Freund ist mein, und ich bin sein. ~ *um 1750*

Bringe Deine Lebenstage
Heiter und in Frieden zu.
Und wenn Gott einst nach Dir frage:
Max Fritz Adalbert, wo bist Du?
Dann spring freudig auf und sprich:
»Herr mein Gott, sieh: hier bin ich«. ~ *1851*

Der Himmel gebe Heil und Segen
Zu Allem Dir, Glück und Gedeih'n
Und mag auf allen Deinen Wegen,
Dir stets die schönsten Blumen streun. ~ *1855*

Wär alle Welt Dir auch gewogen,
Verlaß doch auf die Welt Dich nicht!
Wie manchen schon hat sie betrogen,
Nur Gott sei Deine Zuversicht. ~ *1864*

Dein Auge blicke frei und klar,
Und Deine Zunge rede wahr;
Dein Ohr sei taub für bösen Schertz,
Ein Tempel Gottes sei Dein Herz. ~ *1870*

Bete, lies das Wort des Herrn,
geh zum Hause Gottes gern,
beug am Altar deine Knie
und vergiß den Heiland nie. ~ *1911*

Dem kleinen Veilchen gleich,
das im Verborgnen blüht,
sei immer fromm und gut,
auch wenn dich niemand sieht. ~ *1911*

Üb immer Treu und Redlichkeit
bis an dein kühles Grab,
und weiche keinen Breit
von Gottes Wege ab. ~ *1911*

Stammbuch-Illustration, 1849
Lithografie

Ein schmuckes Buch, kaum aufgeschlagen,
Liegt auch das Leben jetzt vor Dir.
Gern sprächst Du zu den künft'gen Tagen:
»Wie seht ihr aus? – Was bringt ihr mir?«
Doch, wechseln heitre auch mit trüben
Und bringt nicht jeder Sonnenschein,
Durch jeden zeigt Dir Gott sein Lieben:
»Ich bin Dir gut!« und »Denke mein!«. ~ *1912*

Habe Gott vor Augen und im Herzen,
hüte dich, dass du in keine Sünde willigst
noch tust wider Gottes Gebot. ~ *1913*

Wo Glaube, da Liebe,
Wo Liebe, da Friede,
Wo Friede, da Gott,
Wo Gott keine Not. ~ *1913*

Wenn plötzlich in dein Lebenslicht
Die Finsternis der Mächte bricht
Und du nicht weißt, woher es kommt
Und du nicht weißt, zu was es kommt
Dich tief erschüttert, macht sprachlos krumm
Tröst dich der Spruch: Gott weiß warum. ~ *1917*

Treffen meine besten Wünsche ...

Stammbuch-Illustration mit Spruch, 1845
»Blühend sei Dein Frühling / Heiter Dein Sommer / Erquickend Dein Herbst / Sanft Dein Winter!«
Wasserfarben

Treffen meine besten Wünsche an Dir ein,
O! so müßen deine Tage glücklich seyn. ~ *1794*

Gold'ne Früchte soll das Glück dir spenden!
Blumen dir die treuste Liebe weih'n,
Nimmer deines Herzens Friede enden,
Freude nur sich stets an Freuden reih'n. ~ *1836*

Ihr Glück ist mein Wunsch
und die Fortsetzung Ihrer Freundschaft
meine Bitte. ~ *1800*

Wohin Du ziehst, zieh hin in Frieden,
Dir sei im Norden und im Süden,
zu Ost und Westen
das schönste Loos beschieden. ~ *1817*

Schön sey Ihr Schicksal, und die Aussicht heiter
Auch jene Tage, die noch kommen sollen:
Am Arm der Tugend schreiten Sie durch die Jahre
In allen Verhältnissen Ihres Lebens
Möge das Glück Sie begleiten. ~ *1836*

Gesundheit webe Ihre Tage
Zufriedenheit vergolde sie
Ihr Leben fließe ohne Klage
Dafür in sanfter Harmonie. ~ *1836*

Mein Wunsch ist klein
Auguste, Du sollst glücklich sein. ~ *1845*

Es soll in deinem Leben
Nur Rosen ohne Dornen geben. ~ *1858*

Heiter nahe sich Dir jeder Morgen,
Immer strahle Dir der Freude Licht,
frei von Ungemach und bangen Sorgen
lebe glücklich und – Vergiss mein nicht. ~ *1865*

Bleib heiter
Bleibe froh
Wie der Mops im Paletot. ~ *1922*

Sonne soll scheinen auf Deinem Wege immerda,
soll aufleuchten lassen das blaue Augenpaar;
soll funkeln in den Haaren, den blonden, krausen,
soll verscheuchen die Wolken, die dunklen, grauen.
Du Sonnenkind magst tanzen und springen
und Deiner Jugend Lieder singen.
Sonne soll scheinen, dass auch Arbeit und Pflicht
werden zu Stunden heiter und licht,
soll Dein Seelchen erfüllen, das Herz machen warm,
soll Dich schützen vor Leid und vor Harm! ~ *1925*

Dein Leben sei fröhlich und heiter
Kein Leiden betrübe dein Herz
Gott sei stets dein Begleiter
Nie treffe dich Kummer und Schmerz. ~ *1966*

Liebe lustig, lebe froh,
wie der Mops im Haferstroh. ~ *1980*

Verliere nie den Weg der Tugend …

Stammbuch-Illustration, 1778
Wasserfarben

Verliere nie den Weg der Tugend
Sei Gott und dem Erlöser treu!
Dann bleibst Du fröhlig in der Jugend
Und fühlst im Alter keine Reu! ~ *1922*

Die Tugend und Freude
sind ewig verwandt,
es knüpfet sie beyde
ein himmlisches Band. ~ *1792*

Der schönste und dauernde Schmuck
Eines jungen Mädchens ist:
Religion, Unschuld und stille Häuslichkeit. ~ *1830*

Die Unschuld sei Dein Ehrenkleid,
Dein höchster Schmuck Bescheidenheit. ~ *1857*

Mädchenehre
Ist ein geschliffner Stahl,
Ein leichter Hauch
Und er erblindet. ~ *1855*

Wenn alle untreu werden
Allein wir bleiben treu
Auf das die Treu auf Erden
Nicht ausgestorben sei. ~ *1893*

Sei fleißig und bescheiden,
so wird Dich jeder leiden. ~ *1898*

Ermatte nie in deinen Pflichten,
ob mancher Tag auch Sorgen bringt,
Geduld und Mut tun viel verrichten,
wenn auch nicht alles gleich gelingt. ~ *1899*

Es zieht ein stiller Engel
Durch dieses Erdenland,
Zum Trost für Erdenmängel
Hat ihn der Herr gesandt.
In seinem Blick ist Frieden
Und milde, sanfte Huld,
O, folg' ihm stets hienieden,
Dem Engel der Geduld! ~ *1900*

Stark, wenn es gilt, sich selbst bezwingen.
Schnell, wenn es gilt, ein Opfer bringen,
treu, wenn es gilt, der Lieb' und Freundschaft leben,
Mild, wenn es gilt, dem Feind vergeben! ~ *1912*

Geh treu und redlich durch die Welt,
das ist das beste Reisegeld! ~ *1914*

Geduld, Vernunft und Zeit
Macht möglich die Unmöglichkeit.
Das gegenwärtige Leben ist nur ein Augenblick
und der gegenwärtige Augenblick ist das Leben. ~ *1916*

Das Paradies kann nur
Im reinen Herzen sein,
Trägst du es nicht,
So kommst du nicht hinein. ~ *1916*

Verstand ist ein Edelstein,
der am schönsten glänzt,
wenn er in Demut gefasst ist. ~ *1916*

Nie verliere du die Zügel
über der Gefühle Macht,
laß vom Zorn dich nicht bemeistern
sei auf Mäßigung bedacht.
Ist das eigne Maß des Willens
einmal selbst dein Eigen,
hast du auch die Kraft verloren,
andere zu überzeugen! ~ *1917*

Zwei sind der Wege, auf welchen
der Mensch zur Tugend emporstrebt;
Schliesst sich der eine dir zu,
Tut sich der andere dir auf
Handelnd erringt der Glückliche sie,
Der Leidende duldend.
Wohl ihm, den sein Geschick
liebend auf beiden geführt! ~ *1919*

Im Glücke niemals stolz,
Im Unglück edelmütig;
Den Freunden stets getreu,
Und gegen Feinde gütig. ~ *1925*

Erfülle Du jederzeit deine Pflicht,
und wenn es schwer fällt, dann murre nicht!
Nur den erquickt des Abends Rast,
der freudig trug des Tages Last! ~ *1925*

Liebe!
Glaube!
Hoffnung!
Wenn dich diese drei umgeben
Wirst du ewig glücklich leben! ~ *1927*

Sei standhaft im Leben, sei treu in der Pflicht.
Und lockt die Versuchung, so folge ihr nicht. ~ *1966*

Wahre Freundschaft
nur allein …

Stammbuch-Blatt »Der Hochachtung und Freundschaft«, um 1840
Kalligrafische Widmung; Goldborte, geprägt

Alles bricht und alles fällt
mit dem Leben in der Welt.
Wahre Freundschaft nur allein
soll bei uns unsterblich seyn. ~ *1817*

Gute Freunde sind wie Stäbe,
da der Menschen Bang sich hält,
daß der schwache Fuß sich hebe,
wenn der Leib zu Boden fällt.
Wehe dem, der nicht zum frommen
solches Stabes weiß zu kommen,
der hat einen schweren Lauf,
wenn er fällt, wer hilft ihm auf? ~ *1779*

Freunde zu finden in der Welt,
wie süß ist es! Noch süßer aber
dieselben durch Liebe und Hochachtung
stets zu erhalten suchen. ~ *1783*

In der ganzen weiten Schöpfung ist nichts schöner, nicht vollkommener, als die Freundschaft. ~ *1786*

Feindschaft lebe!
Freundschaft sterbe!
Nie in unserm Herzen. ~ *1788*

Die Freundschaft rechtschaffener Menschen
Ist gewiß etwas sehr schätzendes! ~ *1797*

Edle Freundschaft nur verbindet
Seelen zu der schönsten Pflicht.
Und die Kränze, die sie windet,
Welken selbst im Grabe nicht. ~ *1807*

Wenn unsere Freundschaft soll
stets im Gedächtnis bleiben,
was soll ich mich denn erst
in dieses Buch einschreiben.
Doch ach! Ich irre mich,
ich soll darüber stehn,
damit Du kannst die Zahl
der treuen Freunde sehn. ~ *1815*

Das Leben hat keinen Wert
ohne Tugend, ohne Liebe
und ohne einen Busenfreund. ~ *1817*

Ewig, ewig währe
unser Freundschaftsband!
Währe im fernsten Meere
und im fernsten Land. ~ *1817*

Unser Freundschaftsband soll nicht zerbrechen
Auch dann nicht, wenn man einst wird sprechen:
Sie sind nicht mehr. *~ 1826*

Freundschaft macht glücklich,
und Erbe verbindet! *~ vor 1850*

Der schönste Traum des Lebens schwindet
Und Rosen bleichen mit der Zeit;
Doch was ein Freundschaftsband verbindet
das währet fort in Ewigkeit. *~ 1852*

Nicht denjenigen halte für Deinen Freund,
der alle Deine Worte und Thaten lobt,
sondern denjenigen,
der Deine Fehler tadelt! *~ 1893*

Wenn jemand schlecht von Deinem Freunde spricht,
und scheint es noch so ehrlich: glaub ihm nicht!
Spricht alle Welt von Deinem Freunde schlecht:
Mißtrau der Welt und gib dem Freunde recht!
Und wer so standhaft seine Freunde liebt,
ist werth, daß ihm der Himmel Freunde gibt.
Ein Freundesherz ist ein so seltner Schatz,
die ganze Welt baut nicht dafür Ersatz;
und würdest Du dem ärmsten Manne gleich,
bleibt Dir ein Freundschaftsherz, so bist Du reich. ~ *1899*

Nur das mag mit festem Erz
In Freundschaft zwei Genossen binden;
Wenn Geist und Geist sind, Herz und Herz
In einem höhern Dritten finden. ~ *1911*

Poesiealbum-Illustration, 1961
Glanzbild in Chromolithografie

Unsere Freundschaft soll nicht wanken,
felsenfest soll sie bestehn,
wenn wir uns auch manchmal zanken,
soll sie doch nicht untergehn. ~ *1946*

Wenn Du eine Freundin wählst,
dann wähle stets die Rechte,
denn unter 100 Freundinnen
sind 99 schlechte. ~ *1966*

Lisa lern die Menschen kennen,
denn sie sind veränderlich,
die Dich heute Freundin nennen,
reden morgen über Dich. ~ *1966*

Wer Freunde sucht,
ist sie zu finden wert;
wer keinen hat,
hat keinen noch begehrt. ~ *1973*

Wo Rosendüfte wehn ...

Stammbuch-Illustration, 1811
Wasserfarben

Wo Rosendüfte wehn,
am Wege Veilchen stehn
und Glückliche nur gehn,
da wandeln Sie! ~ *1784*

Menschen sind wie die Pflanzen:
Einigen ist in der Sonne wohl,
anderen im Schatten. ~ *1783*

Freundin, jeden deiner Tritte
blühe eine Rose auf,
Tugend leite Deine Schritte
Deinen gantzen Lebenslauf. ~ *1784*

Im Rosengarten gehn
und unter Freunden stehn
ist beides angenehm und schön. ~ *1789*

Das Blümchen spricht, vergiß mein nicht,
und mehr verlangt auch deine Freundin nicht. ~ *1795*

Es blühe unter deinen Tritten
ein grüner Anger hell und licht,
wo blaue Blümchen für mich bitten
vergiß mein nicht! ~ *1797*

Keine Stunde sey vergebens
banger Traurigkeit geweiht.
Sondern jeder Weg des Lebens
dir mit Rosen überstreut.
Wandle auf Rosen und auf vergiß mein nicht. ~ *1800*

Rosen verwelken
und Marmor zerbricht,
aber unsere Freundschaft nicht.
Lebe wohl, vergiß mein nicht. ~ *1817*

Die Blumen fallen ab
Die Rosen wie die Nelken
Doch meine Freundschaft soll
Zu keiner Zeit verwelken. ~ *1817*

So schön wie Rosen sey Ihr Leben.
So kurz wie die Dauer derselben sey Ihr Kummer. ~ *1827*

Stets wandeln sie auf blumichten Pfade dahin,
wo Rosen und Veilchen und Mirthen Ihnen blühn.
Und kann ich Ihn' einstens ein Blümchen nachstreu'n,
so soll es ein schönes Vergißmeinnicht sein. ~ *1832*

Ein Blumenkranz ist unser Leben,
Wo Knospe sich an Knospe drängt,
Mit süßen Wohlgeruch umgeben;
Allein mit Dornen untermengt. ~ *1856*

Dem kleinen Veilchen gleich,
Das im Verborgenen blüht,
Sei immer fromm und gut
Auch wenn Dich keiner sieht! ~ *1858*

Durch Tugend kann man glücklich werden,
Nur schwer ist ihre strenge Pflicht;
Es blühen Rosen hier auf Erden,
Doch ohne Dornen sind sie nicht. ~ *1859*

Stammbuch-Illustration, um 1840
Stickerei auf Papier

Bertha, sei den Veilchen gleich
Und an stiller Tugend reich,
Dann trägst Du auf Erden hier
Schon den Himmel selbst in Dir. ~ *1859*

Maienluft soll dich umfließen
Veilchenodem um dich wehn
Sprießen soll zu deinen Füßen
Güldenkraut und Tausendschön
Rosen sollen dich umregnen
Blüthen auf dich niederschnein
Jede Seele soll dich segnen
Jedes Auge dein sich freun. ~ *1863*

Es schmückte einst ein Myrthenkranz
Dein jugendliches Haar;
Vergiß auch nicht beim Spiel und Tanz
Wer Deine Freundin war. ~ *1869*

Könnt ich das Glück in Rosen winden
Gewiß, Du würdest glücklich sein
Ich würde nichts als Sträuschen binden
Und überall Dein Glück hinein
Ein jedes Blümchen, daß, bepärlt
mit Tau, Deine Finger bricht
Verwandle sich in Deiner Hand
In ein Vergißmeinnicht. ~ *1865*

Der Rose süßer Duft genügt,
man braucht sie nicht zu brechen,
und wer sich mit dem Duft begnügt,
den wird ihr Dorn nicht stechen. ~ *1886*

Rosen, Tulpen, Nelken,
alle Blumen welken,
aber nur die eine nicht,
die da heißt Vergissmeinnicht. ~ *1889*

Es blüht ein Blümlein lieb und traut,
Lacht freundlich in der Sonne,
Für den, der's in sein Gärtlein baut,
Recht Freude bringts und Wonne.
Ist schlicht und schmucklos an zu schaun,
Es trägt heilkräftige Samen;
Du willst's auch in dein Gärtlein baun?
Es heißt »Geduld« mit Namen. *~ 1910*

Sei wie das Veilchen im Moose,
hübsch, sittsam, bescheiden und rein,
und nicht wie die stolze Rose,
die immer bewundert will sein. *~ 1911*

Zähle nicht die bangen Stunden …

Stammbuch-Illustration mit Spruch, 1840
»Träum ich mir ein heit'res Leben, friedlich, froh und frei,
Sei's im Norden, sei's im Süden, Du bist stets dabei.«
Reliefartige Collage aus koloriertem Papierprägedruck auf Gaze;
Goldborte und Goldornamente, geprägt, gestanzt

Zähle nicht die bangen Stunden,
die des Lebens Nacht entsteigen.
Zähle nur, wenn sie entschwunden,
wie viele Sterne sie dir zeigen. ~ *1889*

Laß froh uns durch das heitre Leben schwärmen,
nach Dornen nie am Blüthenkranze spähn.
Nie ohne Noth uns um die Zukunft härmen,
und nie das Jetzt im trüben Lichte sehn. ~ *1814*

Scherze – trinke – lieb und küsse!
Fröhlich sey Dein Lebenslauf!
Kommt der Tod einst – dann, so wisse:
Er sagt – – – Freund, nun höre auf. ~ *1817*

Erst besinn's, dann beginn's! ~ *1919*

Dein Auge kann die Welt trüb oder hell dir machen,
wie du sie ansiehst, wird sie weinen oder lachen,
dein äuß're Auge kannst du schärfen selbst und üben,
o, hüte Dich, Dein inneres zu trüben.
Wenn rein Dein inneres schaut, das äuß're mag erblinden,
du wirst das helle Licht der Welt im Herzen finden. ~ *1865*

Im Glück nicht jubeln
und im Sturm nicht zagen,
das Unvermeidliche mit Würde tragen,
das Rechte tun, am Schönen sich erfreuen,
das Leben lieben und den Tod nicht scheuen. ~ *1898*

Lebe glücklich, sei zufrieden,
mit dem Lose, das du hast,
denn noch keinem war beschieden,
hier ein Leben ohne Last. ~ *1899*

Stammbuch-Illustration »Vergissmeinnicht.«, 1850
Papierblumenapplikation, gestanzt, geprägt, koloriert

Wenn es Dir übel geht,
nimm es für gut nur immer,
wenn Du es übel nimmst,
ergeht es Dir noch schlimmer. ~ *1899*

Bleibe nicht am Boden heften!
Frisch gewagt und rasch hinaus!
Kopf und Arm zu heitern Kräften,
Überall sind sie zu Haus. ~ *1921*

Mach es wie die Sonnenuhr,
zähl die heit'ren Stunden nur. ~ *1980*

Wer Morgens 3x schmunzelt,
wenns regnet nie die Stirne runzelt
und Abends singt, das alles schallt,
wird 99 Jahre alt. ~ *1981*

Zufrieden sein, ist große Kunst …

Stammbuch-Illustration mit Spruch, um 1848
»Schnell welkt der Kranz der Erdenfreuden, / Wenn nicht Zufriedenheit ihn wand, / Und leicht sind alle Erdenleiden, / Beut uns die Freundschaft ihre Hand.«
Reliefartige Collage aus koloriertem Papierprägedruck auf Gaze; Goldborte und Goldornamente, geprägt, gestanzt

Zufrieden sein, ist große Kunst;
Zufrieden scheinen, leerer Dunst.
Zufrieden werden, großes Glück;
Zufrieden bleiben, Meisterstück. ~ *1889*

Dir sey das wahre Glück beschieden,
daß die Vernünftigen erfreut;
Sey immer mit Dir selbst zufrieden,
und immer habe Grund zu der Zufriedenheit. ~ *1779*

Gesundheit kröne deine Tage,
Zufriedenheit verschöner sie,
so fließen sie dir ohne Klage
dahin in schöner Harmonie. ~ *1899*

Auf dem grünen Moose
stiller Einsamkeit
blühe dir die Rose
der Zufriedenheit. ~ *1910*

Drei Engel mögen dich begleiten
in deiner ganzen Lebenszeit,
die drei Engel, die ich meine,
sind Liebe, Glück, Zufriedenheit. ~ *1925*

Sieh' Deiner Zukunft froh entgegen,
Und bau' Dein Glück auf Redlichkeit,
Dein ganzes Leben sei nur Segen,
Dein Augenblick Zufriedenheit. ~ *1969*

Poesiealbum-Einband, um 1890
Hellbraunes Leder, Prägedruck, Glitzer

Nachwort

Erinnerung an bessere Zeiten

Blättern wir. Blättern in Erinnerungen an die Jugend, an alte Freunde, Familienmitglieder und Wegbegleiter. Wer ein Poesiealbum, ein Stammbuch oder ein Freundschaftsbuch aufschlägt und in den Sprüchen und Eintragungen liest, die Handzeichnungen und die eingeklebten Glanzbilder betrachtet, taucht ein in eine ganz private Sammlung von Erinnerungen. Man liest von Schulfreunden, Lehrern, Professoren und natürlich den Eltern, lieben und vertrauten Menschen, zu denen heute oftmals der Kontakt fehlt oder die bereits gestorben sind. In den Büchern sind sie alle versammelt und bleiben lebendig.

Schätze aus dem Museumsdepot

Im »Berliner Poesiealbum« findet sich eine Auswahl von Sprüchen und Bildern aus der Sammlung der Stiftung Stadtmuseum Berlin. Erstmals werden diese Schätze aus rund fünfhundert Stammbüchern und Poesiealben der Öffentlichkeit präsentiert. Sie geben einen Einblick in die Geschichte und Entwicklung einer besonderen Form der Erinnerungskultur und stellen dabei für die Forschungsarbeit im Museum eine überaus reiche Quelle dar, beleuchten sie doch die Gefühlswelt, in der Menschen in der Stadt zu verschiedenen Zeiten lebten. Darüber hinaus dokumentiert die Sammlung auf eindrucksvolle Weise mehrere Jahrhunderte Stadtgeschichte. Die Bücher erzählen von prägenden Persönlichkeiten, von Studenten und Professoren, Frauen und Mädchen aus gutem Berliner Hause wie auch von deren sozialem Umfeld, ihren Reisen und Erlebnissen.

Die Kostbarkeiten aus dem Museumsdepot decken dabei mehrere Jahrhunderte Schriftkultur ab; in ihnen finden sich beeindruckende Handzeichnungen aus dem 18. Jahrhundert genauso wie die beliebten Glanzbilder des 19. Jahrhunderts bis hin zu gedruckten Motiven und Stickbildern. Die ausgewählten Abbildungen und Sprüche geben einen Eindruck davon, wie ein »Berliner Poesiealbum« aussehen kann. Sie zeigen die Bandbreite, die vor allem zwischen Lebensweisheit, Freundschaft, Liebe, Gottesehrung, Glaube und Tugend liegt.

Poesiealbum, 1879–1890
Brauner Samtbezug, Goldprägung

Die Orthografie und Interpunktion der Sprüche wurde im Sinne besserer Lesbarkeit behutsam korrigiert, zeitgenössische orthografische Besonderheiten wurden beibehalten. Die Datierung der Sprüche und Abbildungen ist der jeweiligen Eintragung im Original entnommen.

Stammbücher – Poesiealben – Freundschaftsbücher

Stammbücher, Poesiealben und Freundschaftsbücher sind drei typische Vertreter einer von Privatpersonen gepflegten schriftlichen Erinnerungskultur in Form von kleinformatigen Büchern und Alben. Die drei Genres spiegeln dabei eine Entwicklungslinie wider, die von den Stammbüchern des 16. Jahrhunderts bis zu den modernen Freundschaftsbüchern unserer Zeit reicht.

Obwohl sich Stammbücher von Poesiealben und diese dann auch wieder von Freundschaftsbüchern in vielen Punkten unterscheiden, sind der innere Aufbau der Seiten sowie die Art der Eintragungen durchaus vergleichbar. Die leeren Seiten wurden in der Regel mit einer Zeichnung oder einem Aufkleber sowie einem Sinnspruch gefüllt. Die Gestaltung der für jeweils eine Person vorgesehenen (Doppel-) Seite war dabei völlig dem Eintragenden überlassen, folgte aber in der Regel bestimmten Mustern. So war es etwa üblich, dass der Textteil aus dem Sinnspruch, einer Grußformel sowie dem Ort und dem

Stammbuchblätter, um 1850
Verschiedene Techniken

Buchrücken mit Aufdruck: »Denkmal der Freundschaft«, 1830
Rotes Leder, Goldprägung, aufgeklebtes schwarzes Schild

Datum der Eintragung besteht. Oft gab es auch eine persönliche Anrede. Auch die Reihenfolge der Einträge war nicht willkürlich; am Anfang des Buches kamen die Eltern zu Wort, es folgten Einträge enger Verwandter, schließlich die der Freunde und Schulkameraden. So entstanden in den letzten Jahrhunderten höchst individuelle und persönliche Erinnerungsstücke, die in der Gestaltung und dem Inhalt trotzdem viele Parallelen aufweisen.

Die Sprüche in den Stammbüchern und Poesiealben sind immer auch Spiegel der Schriftkultur sowie der Sozial- und Stadtgeschichte. Entsprechend der Bildungssituation waren die Stammbücher des 16. und 17. Jahrhunderts nur einer kleinen Zahl derer vorbehalten, die lesen und schreiben konnten und sich etwa im Umfeld von Universitäten aufhielten oder Bildungsreisen durch Europa unternahmen. Als im 18. Jahrhundert der Bildungsfortschritt breitere Schichten des Bürgertums erreichte und die Einflüsse der Romantik und der Empfindsamkeit der privaten Schriftkultur höhere Bedeutung zuwiesen, standen auch die Stammbücher auf breiterem Fundament.

Im 19. Jahrhundert änderten sich nicht nur Inhalt und Adressatenkreis der Stammbücher – sie waren nun längst im Bürgertum angekommen und dienten jungen Menschen als Andenkenbuch –, auch ihre Form wandelte sich zu dem, was heute als Poesiealbum gilt. Beflügelt von neuen Druckverfahren, einer breiteren Auswahl an Bildmotiven sowie einer größeren Käuferschicht waren Poesiealben seit den 1870er Jahren auf dem Weg zum Massenartikel.

Das 20. Jahrhundert bedeutete für die Poesiealben spätestens seit den 1990er Jahren einen weitreichenden Transformationsprozess. An ihre Stelle traten die nun in schier unendlicher Auswahl erhältlichen Freundschaftsbücher. Mit der Kommerzialisierung des Schreibwarenmarktes und der abnehmenden Bedeutung der Handschriftlichkeit wandelten sich die Bücher zum Teil zu vorgefertigten Fragebögen, die mit den artverwandten Stammbüchern und Poesiealben nur noch wenig gemein haben.

Visitenkarte des Studenten und Lieblingsobjekt der Frauen

Der Begriff »Stammbuch« bezeichnet heute ganz verschiedene Typen von schriftlichen Zeugnissen. Als Stammbuch wird etwa das 1875 in Deutschland flächendeckend eingeführte Familienstammbuch bezeichnet, das Eheleuten am Tag ihrer Hochzeit ausgestellt und überreicht wird. Stammbücher werden auch die Verzeichnisse und Sammlungen genannt, die zu genealogischen Eintragungen von Adelsgeschlechtern genutzt werden. Von diesen beiden »Stammbüchern« soll hier nicht die Rede sein, es geht vielmehr um das im 16. Jahrhundert begründete Format von Erinnerungskultur, welches in studentischen Kreisen seinen Ursprung hat.

Angeregt wurde das Führen von Stammbüchern im deutschsprachigen Raum durch die Reformatoren Martin Luther und Philipp Melanchthon. Studenten an der fortschrittlichen Wittenberger Universität ließen sich auf leeren Blättern, die Druckwerken vor- oder nachgebunden waren, Unterschriften und Widmungen ihrer Professoren schreiben. Hieraus entwickelte sich eine »Stammbuchkultur«, die bis in die Mitte des 19. Jahrhunderts belegt werden kann.

Das älteste Stammbuch in der Sammlung des Stadtmuseums Berlin enthält Einträge von 1589 bis 1603. Sein Eigentümer war Joachim Sannovius, der in Müncheberg nahe Berlin lebte. Sannovius, ein Student und späterer Lehrer, sammelte Einträge von über hundert Personen, darunter Professoren, Studenten, Freunde und Kollegen aus Wittenberg, Görlitz, Frankfurt (Oder) und Müncheberg. Von besonderer Bedeutung für Berlin ist daneben vor allem das Stammbuch des Georgius Conradus Bergius, einem der wichtigsten kirchenpolitischen Berater des Kurfürsten Friedrich Wilhelm in Berlin aus der Zeit von 1643 bis 1646.

Der Name »Stammbuch« ist erstmals 1573 nachweisbar, als Synonyme sind »Album amicorum«, »Liber amicorum« oder »Philotecum« gebräuchlich. Später sind auf die Buchbände auch Begriffe wie »Denkmal der Freundschaft«, »Heiligthum der Freundschaft«, »Andenken«, »Album« oder auch »Souvenir« gedruckt worden. Die Stammbücher waren größtenteils aus feinem Leder gefertigt, ihr Einband fast immer mit zierlichen Goldleisten versehen. Vorsatzblatt und Spiegel bestanden häufig aus prächtigem Buntpapier. Vielfach wurden die gebundenen Stammbücher in Schubern oder als Sammlung loser Blätter in prächtigen Kassetten aufbewahrt.

Anfangs wurden Sprüche, Zitate und Freundschaftsbekundungen aus der Bibel oder von Autoren der Antike übernommen, seit Ende des 18. Jahrhunderts kamen Stammbuchgedichte von Johann Wolfgang von Goethe, Friedrich Schiller und anderen Dichtern hinzu. Die Einträge lagen zunächst in lateinischer oder in französischer Sprache vor, später überwog jedoch Deutsch. Im Laufe der Zeit wurde es darüber hinaus üblich, dass sich die Einschreibenden in den Büchern vielfältig künstlerisch betätigten. Übten einige sich in der Schrift des Schönschreibens, so zeichneten andere Motive in die Bücher, fertigten Scherenschnitte und Stickbildchen an. In der Folge kamen gedruckte Bilder und Glanzbilder dazu, die eingeklebt wurden, ebenso geflochtene kleine Haarsträhnchen oder getrocknete Blumen.

Bis ins 18. Jahrhundert hinein war die »Stammbuchkultur« vor allem eine Männerdomäne; die Besitzer waren hauptsächlich Studenten und Reisende aus Adel und Bürgertum, die zur Erinnerung an Weggefährten und Freunde sowie als eine Art Referenzmappe diese Bücher führten. Doch es mischten sich immer mehr Frauen, ebenfalls aus den gehobenen Gesellschaftsschichten, in die Einträge der Stammbücher.

Seit der Mitte des 19. Jahrhunderts wurden dann Stammbücher vorwiegend von Frauen genutzt, die Tradition eines Andenken- und Referenzbuches männlicher Studenten und Bildungsreisender war damit in den Hintergrund getreten.

Beliebte Freundschaftspflege

In der zweiten Hälfte des 19. Jahrhunderts erscheint das Stammbuch für die jüngere Generation mit seinem Namen und in seiner Erscheinungsform veraltet. Es kommen zeitgemäße Erinnerungsbücher auf den Markt, besonders nach 1870. In einer Übergangsphase werden sie lediglich als »Album« bezeichnet, bevor sich die Betitelung »Poesie« durchsetzt. Viele sind in Leder gebunden, aber auch andere Materialien, wie etwa Samt, werden für den Einband verwendet. Besonders im Jugendstil finden sich, anders als früher bei den Stammbüchern, auf den Einbänden viele filigrane Motive.

Beliebt waren sie vor allem bei jungen Damen im heiratsfähigen Alter, auch in den unteren Gesellschaftsschichten. Die fast ausschließlich unbedruckten Seiten warteten weiterhin auf schriftliche Freundschaftsbekundungen, dabei spiegelte sich interessanterweise der soziale Stand der Eintragenden nicht zwingend in der Spruchauswahl wider.

Im Laufe des 20. Jahrhunderts verjüngte sich die Zielgruppe der Poesiealben-Liebhaber. Es wurden mehr und mehr die Schulkinder, die, sobald sie schreiben und lesen konnten, unter ihren Lehrern und Mitschülern einen Personenkreis fanden, den sie in Erinnerung behalten wollten.

Fragebogen statt Poesie

Einen genauen Zeitpunkt, an dem es »unmodern« wurde, Sprüche voller Lebensweisheiten und Poesie zur Erinnerung an Eltern, Verwandte, Freunde, Schulkameraden und Lehrer in kleine Alben mit leeren Blättern zu schreiben, gibt es nicht. Die Grenze zu den Freundschaftsbüchern ist fließend. Im Unterschied zu den Stammbüchern, die bald nicht mehr angeboten wurden, sind Poesiealben immer noch erhältlich. Auch heute gibt es noch eine Zahl von Liebhabern, die diese alte Tradition pflegen.

Freundschaftsbücher werden im Unterschied zu Stammbüchern und Poesiealben mit vorgedruckten Fragebögen statt mit leeren Seiten angeboten. Die Fragen sind nicht vom Eigentümer des Buches erdacht, sondern von den Verlagen für eine bestimmte Altersgruppe zusammengestellt worden.

So stellen Freundschaftsbücher des 20. Jahrhunderts eine neue Form der Erinnerungskultur dar, denn nun geht es darum, dass der Eintragende besonders viele Informationen über sich mitteilt, und so ein Bild von ihm entsteht. Die Tradition der vorherigen Jahrhunderte, die Einträge mit guten Wünschen und Erinnerungen an den Besitzer des Buches zu versehen, ist in den Freundschaftsbüchern kaum mehr zu erkennen.

Papier als Auslaufmodell?

Freundschaftspflege und Erinnerungskultur sind in der heutigen Zeit unkompliziert wie nie zuvor. Die modernen Medien, Mobiltelefone und das Internet bieten unendliche Möglichkeiten, mit Freunden und der Familie in Kontakt zu bleiben und riesige Netzwerke von Bekanntschaften privater und beruflicher Natur zu knüpfen. Aus dieser Perspektive scheinen Stammbücher und Poesiealben Relikte einer längst vergangenen Zeit der Schriftlichkeit und Poesie zu sein;

Stammbuchblätter, 1766 – 1795
Wasserfarben; geschnittener Schattenriss

die Widmung einer Doppelseite für einen guten Freund oder ein Familienmitglied erscheint angesichts der ständigen Kontaktpflege wie aus der Zeit gefallen.

Dennoch offenbaren die Stammbücher und Poesiealben den zeitlosen Reiz einer poetischen Erinnerungskultur. Durch die Jahrhunderte sorgen sie bei ihren Besitzern für Freude und Besinnung, die beschriebenen Seiten bewahren dann das Andenken auch an das eigene Leben. Ähnlich ging es der Österreicherin Bertha von Suttner (1843 – 1914) beim Anblick eines alten Albums aus Familienbesitz. »Es klingt daraus wie ein ganzer Akkord von Vergangenheitstönen; ein ganzer Zug von Geistern – darunter gar erlauchte Geister – zieht vorbei. Ach, das ist das Schöne an der Jugend, daß sie mit ebensoviel

Hoffnungen operiert wie das Alter mit Erinnerungen; ihr winkt von überall her das frohe »Es wird« – dem Alter zeigt sich an allen Enden das düstere »Gewesen«. – Also blättern wir ...«

Stammbuchkassette mit loser Blattsammlung, 1851–1858
Goldprägung; Papiermedaillon in Chromolithografie; Zierelemente

Impressum:

Berliner Poesiealben
Wahre Freundschaft nur allein,
soll bei uns unsterblich seyn.
Marlies Ebert und Sebastian Ruff

Edition Stadtmuseum Berlin
Museum in der Tasche
Band 5

Herausgeberin:
Dr. Franziska Nentwig,
Generaldirektorin Stiftung Stadtmuseum Berlin

Verlag M – Stadtmuseum Berlin GmbH
www.verlag-m.de

Lektorat:
Ulla Mothes

Gestaltung und Layout:
Giraffe Werbeagentur

Druck: Chromik Offsetdruck

Titelbild: Poesiealbum-Illustration,
Glanzbild in Chromolithographie

Abbildungsnachweise und Fotorechte:
Stadtmuseum Berlin,
Reproduktion: Tobias Tanzyna

Bibliografische Information der Deutschen Nationalbibliothek
Die Deutsche Nationalbibliothek verzeichnet diese Publikation in der Deutschen Nationalbibliografie; detaillierte bibliografische Daten sind im Internet über http://dnb.d-nb.de abrufbar.

1. Auflage Berlin 2013

ISBN 978-3-939254-04-1

1. Auflage Berlin 2010

Die Berliner Nikolaikirche

Gotteshaus – Denkmal – Museum
von Albrecht Henkys

ISBN: 978-3-9812257-6-1 // 4,90 €

1. Auflage Berlin 2011

Mechanische Musikinstrumente

Vom Salon in die Kneipe. Die Automatophone im Stadtmuseum Berlin von Anne Franzkowiak

ISBN: 978-3-939254-05-8 // 12,90 € (Mit CD)

1. Auflage Berlin 2013

Donnerwetter tadellos!

Kaiser, Hoffriseur und Männerbärte
von Elisabeth Bartel

ISBN: 978-3-939254-14-0 // 6,90 €

1. Auflage Berlin 2013

Das Knoblauchhaus Berlin

Alltag im Biedermeier
von Jan Mende

ISBN: 978-3-939254-15-7 // 6,90 €